AF330619

DE L'INFLUENCE

DU

GOUVERNEMENT REPRÉSENTATIF.

DE
L'INFLUENCE

DU

GOUVERNEMENT REPRÉSENTATIF

DEPUIS QUINZE ANS EN FRANCE,
SUR LA LITTÉRATURE ET LES MŒURS.

PAR LE VICOMTE

ADOLPHE D'ARCHIAC.

Veuillent les Immortels, conducteurs de ma langue,
Que je ne dise rien qui doive être repris !
LAFONTAINE. *Le Paysan du Danube.*

LYON

IMPRIMERIE ANDRÉ IDT, RUE ST-DOMINIQUE N. 13.

1830

DE

L'INFLUENCE

DU

GOUVERNEMENT REPRÉSENTATIF.

Pour juger sainement, il faut se mettre en dehors des partis. Cette marche est d'autant plus difficile à suivre que notre position sociale, notre éducation et notre intérêt particulier, influent davantage sur nos opinions.

J'ai donc essayé d'abord de me dépouiller de toute personnalité, afin d'envisager sous leur véritable point de vue les deux questions qui feront le sujet de ce discours ; et si je n'ai point entièrement réussi à m'affranchir des préventions que je puis avoir, ce sera du moins à mon insçu.

Avant d'entrer en matière, il me paraît nécessaire de jeter un coup-d'œil rapide sur la littérature et les mœurs de l'époque qui a précédé immédiatement celle dont je dois m'occuper, afin de pouvoir mieux apprécier les changemens qu'elles ont subis sous une nouvelle forme de gouvernement.

La littérature avant la restauration se ressentait des grandes commotions que la France avait successivement éprouvées. On y apercevait encore l'impulsion donnée par les génies du dix-huitième siècle. On y retrouvait aussi l'observation des règles sévères auxquelles ces hommes supérieurs s'étaient astreints ; mais on pouvait déja remarquer, dans les détails des compositions de tout genre, une propension manifeste à ce qu'on a depuis appelé le *romantique*.

La philosophie était peu cultivée. Elle en était restée au point où l'avaient amenée les philosophes de la fin du siècle précédent. Le grand mouvement produit dans les idées par les écrits de Voltaire et de Jean-Jacques, avait cessé de se faire sentir d'une manière ostensible. Leurs partisans ne formaient plus de sectes séparées, et les cendres de ces deux grands hommes refroidies, leurs détracteurs, du moins pour la plupart, étaient rentrés dans l'ombre. Leurs ouvrages avaient été mieux analysés par la génération qui les avait suivis, et qui avait fait avec plus d'impartialité la part des grandes vérités et des erreurs sorties de leur plume féconde.

Sous le règne de Napoléon, le présent était tout. On s'occupait peu du passé. Quelques érudits seuls mettaient en ordre de vieilles chroniques dans le silence du cabinet : un petit nombre de leurs ouvrages virent le jour durant ce laps de temps. La lecture des bulletins de l'Empereur occupait les oisifs et ceux qui prenaient intérêt à la destinée de nos armes. L'histoire du moment suffisait aux hommes que réclamaient les devoirs plus impérieux de leur état.

Des voyages entrepris soit par le goût des particuliers, soit d'après les ordres du gouvernement, avaient été couronnés d'un plein succès. Celui d'Egypte, exécuté par les membres de l'Institut qui avaient accompagné le général Buonaparte, parut devoir être un des beaux monumens de son règne, quoiqu'il fût réservé, vingt-cinq ans plus tard, à de jeunes savans plus versés dans la science des hiéroglyphes, de compléter ce qui pouvait rester d'imparfait à ce magnifique ouvrage.

Dans le domaine du roman brillaient tour à tour Mad. de Genlis qui n'avait encore publié que la moitié de ses œuvres, Mad. de Montolieu qui nous laissa en ce genre un modèle trop peu suivi de délicatesse et de sentiment, et Mad. Cottin que l'imagination entraîna souvent au delà de la vérité. Picard excellait par la peinture frappante des mœurs de l'époque. Pigault-Lebrun jouissait de cette popularité qui n'est pas toujours la preuve d'un vrai mérite et surtout du bon goût. Les traductions de Richardson, de Fielding et de Goldsmith nous offraient des exemples peut-être un peu prolixes, mais précieux pour les mœurs et les caractères qu'ils nous retracent.

La poésie épique était presque abandonnée ; la France semblait avoir reconnu son incapacité pour produire un grand poême. Mais les esprits attristés par les hideux tableaux de la république, souvent fatigués des récits pompeux de victoires achetées au prix de tant de sang, se plaisaient à suivre dans les bois les nymphes gracieuses de l'abbé Dellile, et à entendre soupirer la muse plaintive de Millevoye qui semblait nous annoncer la lumière douce et mélancolique des Méditations de Lamartine.

Les compositions dramatiques suivaient encore les préceptes de Boileau, et personne ne pensait que l'on pût s'en affranchir, surtout pour la tragédie et la haute comédie. Corneille et Racine, Molière et Regnard, malgré les efforts de Beaumarchais, tenaient alternativement le sceptre de la scène française, et possédaient l'admiration exclusive de notre jeunesse, alors qu'ils avaient pour interprètes Talma et Fleury, Mesd. Raucourt et Mars. Les petites pièces même conservaient une sorte de régularité.

Ainsi l'on peut dire qu'il n'y avait point d'école nouvelle de formée en littérature. Cet état d'incertitude ne pouvait durer. Deux génies bien différens à la vérité, mais doués tous deux d'une élévation souvent sublime et quelquefois prétentieuse, dominaient dans le monde littéraire, et devaient influer sensiblement à une époque où les jeunes auteurs cherchaient un guide sous la bannière duquel ils pussent se ranger.

M. de Chateaubriant et Mad. de Staël possédaient ce qu'il fallait pour entraîner de jeunes têtes. Grandeur dans les pensées, fraîcheur et élégance dans un style dont les périodes, parfois arrondies aux dépens de la précision et de la clarté, devaient cependant séduire par la pompe et l'harmonie, quand même la nouveauté ne leur eût pas prêté un charme plus puissant encore : tout concourait à rendre ces deux auteurs les chefs de la littérature au commencement du dix-neuvième siècle.

Le temps où parurent les premiers ouvrages de M. de Chateaubriant contribua plus à leur succès qu'on ne devait s'y attendre. *Le Génie du Christianisme* faisait disparate avec les mœurs du jour : il n'en fut que plus piquant pour les uns et plus édifiant pour les autres. Mad. de Staël, qui affectionnait les raisonnemens d'une morale et d'une philosophie un peu vague, paraît, comme le noble pair, manquer d'énergie et surtout de vérité dans la peinture des caractères, peut-être aussi de hardiesse et de suite dans la manière de tracer les plans. Pour bien rendre les passions et les vices, il faut une étude profonde du cœur humain, et ce genre d'observation est rarement le partage des imaginations brillantes. On peut remarquer que ces défauts se retrouvent souvent chez les écrivains de notre époque qui ont suivi cette école.

Si nous considérons un instant les mœurs politiques et privées sous le règne de Napoléon, nous les verrons soumises à l'influence de son gouvernement tout militaire. Des guerres continuelles avaient donné à l'armée une prépondérance marquée sur les autres corporations de l'Etat. L'esprit militaire était l'esprit dominant en France. Malgré la désastreuse retraite de Moscou, les souvenirs d'Austerlitz, de Wagram et d'Iéna électrisaient toujours les hommes sensibles à la gloire nationale. La campagne de 1814 le prouva.

Les membres de la haute aristocratie ancienne n'avaient point dédaigné d'accepter des places à la cour de l'Empereur, ni de se trouver à côté de cette noblesse nouvelle qui s'était élevée des plaines ensanglantées de Marengo et d'Arcole. S'ils n'apprirent point à cette dernière à se battre, du moins ils apportèrent dans le cérémonial du palais l'étiquette, la grâce et la politesse exquise qui furent de tout temps l'apanage de la cour de France.

L'ancienne noblesse de province avait mieux conservé son caractère primitif. On y retrouvait davantage de ce qu'on appelle vieux préjugés; mais elle possédait par cela même plus d'énergie et de sentiment de sa dignité. On y était plus attaché à un ordre de choses qui avait rendu la France, malgré ses nombreuses révolutions, la plus ancienne monarchie de l'Europe. On rencontrait dans ces familles de gentilshommes moins de lumières et d'instruction superficielle peut-être que dans la noblesse de cour , mais plus de vraie générosité; moins de richesses et d'ambition , mais plus de dévouement et de principes religieux. L'exemple de la Vendée et de quelques parties du Midi, en 1815, prouva que les vieux mots d'honneur et de désintéressement, malgré les tragiques saturnales de quatre-vingt-treize, trouvaient encore de nombreux échos dans notre belle patrie!!!

Le règne des gens à argent n'était pas alors arrivé. Un membre d'une nation repoussée de la société et marquée par tout le globe d'un sceau réprobateur, ne se fût point paré du titre de *roi des banquiers* et de *banquier des rois.* Les panneaux de sa voiture n'auraient point été décorés d'emblèmes plus insolens encore, ou bien on lui eût donné le choix entre Bedlam et Charenton. Il n'entrait pas non plus dans la pensée d'un grand seigneur, de l'ancienne ou de la nouvelle noblesse, de jouer à la bourse; et un maréchal de France eût regardé comme au dessous de sa dignité d'aller dans ses usines lutter avec des industriels. Chacun était à peu près à sa place; et pour celui qui en sortait, son élévation devait être sanctionnée par l'opinion. D'ailleurs, on ne pouvait arriver aux premières charges du gouvernement qu'après avoir soutenu le coup-d'œil sûr et rapide du chef de l'état.

L'oppression d'un sceptre de fer nous paraissait bien dure à supporter. Des millions de soldats, dont les ossemens blanchis recouvrent encore les champs de l'étranger, montrent la douloureuse vérité de cette expression cruelle de *chair à canon* dont on était si prodigue. D'énormes subsides étaient arrachés aux hommes paisibles que les glaces de l'âge dérobaient à la fatale conscription. Nous gémissions tous de ces maux, fruits amers du despotisme le plus absolu. Et cependant alors une consolation nous restait, qui venait tarir les larmes de nos mères et de nos femmes : la France glorieuse imposait des lois à l'Europe !!!!....

L'influence du Gouvernement représentatif ne commença réellement à se manifester en France qu'après la rentrée des Bourbons, lorsque Louis XVIII, remonté sur le trône de ses aïeux, nous eut octroyé la Charte.

A cette époque fut établie cette unité de trois pouvoirs dont l'équilibre est si difficile, on pourrait même dire idéal. L'espace de temps qui s'écoula entre la première et la seconde restauration, quoique rempli d'événemens de la plus haute importance pour l'histoire et la politique des peuples, ne me paraît pas avoir eu d'effet remarquable sur le sujet que je vais traiter ; si ce n'est quelques illusions détruites, et quelques espérances particulières déçues; aussi passerai-je sans m'arrêter à la fin de l'année 1815.

De l'introduction du système constitutionnel naissent pour nous deux existences différentes, l'une privée, et l'autre publique. La première a dû ressentir l'influence de la seconde, et elles sont d'autant plus distinctes, que nous nous élevons davantage dans l'échelle sociale.

A tout Français, payant trois cents francs d'impôt, il est dévolu un soixante-et-dix millième du tiers de la puissance de l'état, en supposant qu'il n'y ait que 70,000 électeurs en France. Il se trouve donc revêtu d'une portion d'autorité qui, quelque petite qu'elle soit, devient tout à coup colossale, si, par une manière de voir semblable, plusieurs milliers d'électeurs se trouvent d'accord sur une proposition ou la nomination d'un seul représentant de cette masse d'opinions partielles confondues en une seule.

De la division naturelle des intérêts, et de celle des opinions qui avait une origine plus ancienne, naquirent les partis. Dès lors chaque citoyen a cherché à s'éclairer pour bien juger de sa position personnelle et des modifications qu'elle pouvait recevoir de la marche de ce nouveau mode de gouvernement. N'ayant point toujours le temps ou les moyens nécessaires pour s'assurer des faits par eux-mêmes, la plupart ont trouvé plus commode de se choisir des guides dans leurs opinions qu'ils ont confondues avec leurs intérêts, et de s'en rapporter aux jugemens de ces mêmes guides. Telle fut l'origine des journaux *royalistes*, *libéraux* et *ministériels*. Ces diverses factions eurent de nombreux et chauds partisans qui, pour faire des prosélites et l'emporter sur leurs adversaires, inondèrent Paris et les départemens de pamphlets , brochures et écrits politiques.

Les plus petits propriétaires se voyant de proche en proche intéressés dans la conduite du grand vaisseau de l'état, il fallut, pour nommer un député, qu'ils s'assurassent, par la conduite antérieure des candidats, si celui qu'ils voulaient choisir était bien de la même opinion qu'eux, et s'il était capable de tenir tout ce qu'on attendait de lui. Les députés élus , les chambres assemblées , il fallut aussi voir les conséquences bonnes ou mauvaises de son vote : de là l'intérêt pour chacun des discussions parlementaires dans lesquelles il se croyait pour quelque chose.

Bientôt cette chambre des députés, composée des notabilités des départemens et présentant des hommes de talent dans tous les genres, devint la filière obligée des emplois et des charges élevées de l'état ; ce qui amena cette fâcheuse conséquence , qu'un député ne se regarda plus comme le délégué de ses concitoyens, ni le défenseur obligé de leurs droits, mais bien comme un homme assis à la chambre pour son propre compte et pour se *pousser* lui et les siens. De cette dernière cathégorie et de celle des caractères tranquilles et insoucians , se composa ce qu'on a appelé le *centre* , portion qui ne compromet jamais son repos ou ses espérances par des clameurs , des diatribes ou des gémissemens, mais est immédiatement soumise à l'influence ministérielle. Les députés *royalistes* adoptèrent le côté *droit* de la chambre, et les *libéraux*, aujourd'hui les *constitu-tionnels*, le côté *gauche*.

La chambre des pairs, sans être beaucoup plus unie, présentait un ensemble plus imposant : soit qu'une position sociale plus indépendante et plus assurée mît ses membres au dessus de beaucoup de considérations particulières qui agitaient les députés, soit qu'elle fût composée d'hommes plus mûrs, plus habitués au maniement des affaires et aux discussions parlementaires, ses séances n'offraient point de ces scènes tumultueuses qui dénotent que les orateurs sont plutôt mus par leurs passions que par l'intérêt du bien public qu'ils ne devraient jamais perdre de vue. Les pairs se trouvant moins en contact avec les provinces et moins soumis à leur opinion, leurs travaux piquèrent moins la curiosité générale.

Il est facile de juger combien un gouvernement établi sur de pareilles bases a multiplié les intérêts de chacun, les a divisés et opposés les uns aux autres en entretenant dans toutes les classes une fermentation dangereuse pour le repos général. Une inquiétude vague agite et remue sans cesse cette masse énorme de trente millions d'habitans.

Dès que chaque particulier se trouva immiscé dans les affaires de l'état, l'étude des lois devint indispensable. L'art oratoire, peu cultivé en France, prit un nouvel essor. Des propriétaires jusque-là uniquement occupés de leurs récoltes, législateurs improvisés, se jetèrent dans les cinq codes, compulsèrent Daguesseau et Pothier. Des militaires qui n'avaient jamais harangué leurs troupes, parce que Buonaparte ne leur en donnait pas le temps, firent preuve d'une éloquence vive, animée, entraînante : c'était l'éloquence de l'ame et du génie, celle que la nature donne et qui ne s'apprend pas. On ne tarda pas à s'apercevoir que les membres du barreau avaient un avantage prononcé dans les discussions de la chambre des députés, tant par l'habitude qu'ils avaient de parler en public que par une connoissance plus approfondie des lois : aussi par la suite n'y eut-il pas de composition de ministère où il n'entra au moins un ou deux ex-avocats.

Un plus grand nombre de concurrens se trouvant en évidence pour remplir les emplois administratifs, financiers et autres, il a fallu chercher à l'emporter par le talent ou par l'intrigue, et souvent par les deux réunis. Travailler toute la journée, puis intriguer le soir dans les salons, telle est aujourd'hui l'existence des gens qui ont des places et de ceux qui veulent en obtenir.

Tout homme qui a reçu quelque éducation ne peut plus rester oisif. Il faut faire quelque chose, il faut se rendre utile à l'état, on se doit à ses concitoyens, entend-on répéter partout ; cela est vrai, mais par le fait c'est toujours soi que l'on sert. Les ambitions personnelles, l'intérêt des partis, les élections, la discussion des lois, les renversemens successifs et fréquens des

ministères dont les réactions s'étendent jusqu'au fond
des provinces, le désir effréné de gagner, de cumuler
places et profits, tiennent les esprits dans une tension
continuelle qui porte sur une multitude d'objets à la
fois, et qu'augmentent encore la liberté de la presse,
avec ses nombreuses conséquences et le droit de pé-
titions.

La vie domestique n'existe, pour ainsi dire, plus
que chez les vieillards. Personne ne reste chez soi. On
a presque honte de n'être qu'un simple et bon propriétaire. Le fils d'un fermier, d'un artisan même, dédaigne
de suivre la profession trop obscure de son père. Le
gouvernement constitutionnel a mis dans toutes les
têtes une effervescence qui peut devenir funeste. Personne ne veut être soi, ni rester ce qu'il est. Il ne suffit
plus de posséder cinquante mille écus de rente, d'avoir
des usines qui rapportent quinze et vingt pour cent,
d'être un habile médecin, un astronome ou un natu-
raliste distingué, d'être auteur dramatique applaudi,
historien ou poète estimable : tout cela n'est rien, si
l'on n'est pas homme public, homme d'état, pour pas-
ser à une direction génerale, puis au ministère, et
retomber ensuite, mais avec les poches pleines, soit
dans le conseil d'état, soit par faveur spéciale dans la
chambre des pairs, ou bien encore dans le fauteuil
d'un président de cour royale. Alors on dit que la pa-
rade est jouée; mais chacun veut la jouer à son tour,
comme son voisin, qui souvent, d'avocat obscur du

fond d'un département, est arrivé en quelques années au timon de l'état.

Etrange conséquence de cet ordre légal qui détruit, dans la société, tout caractère distinctif! Quelle confusion dans cette réunion d'amours-propres satisfaits ou déçus, dans ce flux et reflux continuel de faveurs et de disgrâces! Quel spectacle que ces masses d'hommes qui montent au pouvoir dans l'enivrement et le délire; et ces autres qui, comprimant leur rage, en descendent salués par les acclamations bruyantes de tout un peuple de folliculaires qui applaudit à leur chute!

Ces lumières tant vantées ont-elles beaucoup contribué au bonheur des Français? N'auraient-ils point échangé, pour des spéculations d'intérêt ou les jouissances factices d'une vanité futile, cette mâle vigueur des temps moins civilisés, cette force morale dans tout ce qui tient aux sentimens d'une ame élevée, et ces affections douces et tendres qui font le charme de la vie, de cette vie qui offre tant d'attraits quand on la voit de loin, et dont les momens d'illusion sont encore ceux que nous regrettons le plus?

Ces changemens ne se sont point manifestés chez toute la population dès la première année de l'établissement du mode représentatif; il a fallu un certain laps de temps pour qu'ils fussent ressentis dans les provinces les plus reculées. Mais aujourd'hui quinze années se sont écoulées, et l'on peut juger que, non seulement l'existence des hommes de toutes les classes a été singulièrement modifiée, mais encore que la génération naissante et les femmes mêmes ont suivi l'impulsion.

On ne retrouve plus cette jeunesse française jadis si gaie, si insouciante pour tout, excepté pour la gloire et les plaisirs, ni cette grâce, ni cette amabilité devenue proverbiale en Europe. Où est l'esprit séduisant qui animait ces réunions de femmes dont la conversation avait tant d'agrément, qu'elle fit oublier son pays natal à plus d'un étranger? Pourquoi l'influence de nos tristes et froids voisins d'outre-mer a-t-elle franchi le détroit avec l'analogie de la forme des gouvernemens?

Les jeunes gens d'aujourd'hui sont sans doute plus instruits; le goût des sciences, des lettres et des arts, s'est emparé d'eux jusqu'à la fureur : voyez comme ils se portent en foule aux cours de MM. Villemain, Cousin et Guisot! On ne se borne pas à apprendre, on est impatient de produire; on veut écrire, on veut se faire un nom à tout prix; et pour cela, au lieu de suivre la route du bon goût et du vrai beau parcourue par nos devanciers, avec lesquels on ne se sent pas de force à lutter, un grand nombre, prostituant les génies encore bruts du seizième siècle qu'ils n'entendent pas, viennent, sous l'égide de ces noms célèbres, nous inonder de productions bizarres, obscures et même horribles. On veut tout savoir et parler de tout; on se meuble la tête de mots nouveaux et pompeux: nos pères, s'ils revenaient, ne nous comprendraient plus.

Les hommes continuellement plongés dans le domaine de la pensée , les réunions de société n'ont plus offert d'intérêt bien vif. On s'y rend par convenance ; on salue à peine la maîtresse de la maison et les personnes que l'on connaît ; on y a l'air préoccupé de grands intérêts ; à quelques exceptions près, on y parle peu, mais d'un ton assuré et tranchant ; on se donne bien de garde de paraître s'y amuser, car on passerait pour un homme léger , de peu de moyens et incapable de se livrer à de hautes considérations politiques ou administratives.

Les femmes, qui de tout temps avaient été les arbitres du bon ton , ont dû perdre ce privilége. On ne s'occupe plus d'elles, elles font cercle à part dans les salons , à moins que celles qui ont passé la première jeunesse ne se tiennent à une table de jeu, ou bien qu'ayant élevé leur esprit jusqu'aux choses sérieuses , elles ne soient à même de raisonner politique. Du reste plus de petits soins de la part des hommes , plus de prévenances, plus de ces manières aisées qui distinguent encore ceux des hommes d'autrefois qui ont traversé quarante années d'orage, et qui deviennent plus rares de jour en jour. Leur exemple est perdu pour nous, dont les idées ont toujours pour point fixe le *positif* et l'*utile.* On se plaint encore parfois dans le monde que les femmes sont moins aimables, qu'elles y paraissent souvent froides et réservées ; ce n'est pas leur faute, mais bien la nôtre. Pourrait-il en être autrement, lorsqu'on les délaisse , lorsque leur approbation n'est plus ambitionnée et que leur sourire a perdu sa puissance ? Elles savent que les sentimens que peut-être encore on pourrait leur peindre avec un langage élégant, ne sont plus que factices ou secondaires. Elles les dédaignent, elles ont raison ; l'amour veut être exclusif, et dans la société des femmes il sera toujours l'intérêt dominant. Quelques unes, il est vrai, abjurant pour ainsi dire les prérogatives de leur sexe, se livrent à des études suivies, et en retirent des connaissances assez étendues. Leur intelligence, qui a contracté l'habitude du raisonnement et de l'analyse, a pris un caractère prononcé de virilité; mais elles n'acquièrent ordinairement cette supériorité d'emprunt qu'aux dépens de ces grâces simples et naturelles, et de cet esprit purement féminin, dont la finesse, et quelquefois la naïveté, ont tant de charme. Ce sexe, si attachant par sa faiblesse, par ses sentimens généreux, par ses affections si vives et si tendres, et par cet empire si doux qu'il exerce souvent à notre insçu, perd tous ses avantages en changeant le rôle que la nature lui avait destiné. Je ne sais comment Molière nous eût peint les femmes savantes du dix-neuvième siècle, mais je ne pense pas qu'elles soient beaucoup plus agréables dans leur famille, que ne l'étaient celles de son temps.

Aujourd'hui l'on a presque honte de dire que l'on est amoureux, et bientôt ce sera un ridicule. Il ne faudrait pas avancer que sous ce rapport les mœurs y ont gagné, car il suffirait, pour prouver le contraire, de consulter

les registres de l'état civil et ceux des hôpitaux des enfans trouvés.

Jetons maintenant un coup-d'œil sur la religion,
dite de l'état, nous plaçant entre M. de Pradt et
M. de Lamennais, M. de Montlosier et M. de Maistre.
Qu'est-il en France ce culte du vrai Dieu ? Si nous fai-
sons abstraction de l'influence momentanée de quelques ordres, sectes ou confréries, et d'un petit nombre
de membres du clergé sur certain parti, quels sont les
hommes de vingt-cinq à cinquante ans, c'est-à-dire dans
l'âge de la plus grande force physique et intellectuelle,
qui suivent la loi de l'Evangile, sans hypocrisie, comme
sans charlatanisme et sans ostentation ? Ce fonction-
naire public qui accompagne *dévotement* la procession
du jubilé ou de la mission, n'est le plus souvent qu'un
athée ou un sceptique, ne croyant à rien, si ce n'est
à la nécessité de conserver sa place et d'en avoir une
meilleure. On m'opposera peut-être qu'à une époque
déja assez éloignée on allait à sa *petite maison* en sor-
tant de l'église; c'était alors le privilége d'une seule
caste qui ne faisait pas la centième partie de la population, et cet exemple ne pouvait être suivi par les
autres; mais à présent, sous l'empire de l'égalité, l'ir-
réligion réduite en système est devenue le partage de
tous.

Ne confondons point la religion de Jésus-Christ avec
celle qu'ont souvent professée les prêtres, ni sa morale
simple et sublime avec les abus que les hommes ont

fait servir à leur intérêt et à leur ambition ; mais l'esprit d'analyse qui domine dans notre siècle, joint au
mouvement que les troubles politiques ont communiqué
aux idées, et quelques écrits sur un matérialisme à la
portée du vulgaire, sont les causes principales de l'in-
crédulité de notre âge. Le raisonnement devait saper
dans ses fondemens une religion pleine de mystères,
une religion dont la base est une foi ardente et exclusive.

Le respect profond des jeunes gens pour les veillards
n'existe presque plus. Cette vénération si naturelle
pour les cheveux blancs a disparu avec les principes
religieux et monarchiques. Les théories apprises dans
les livres, et dont on charge sa mémoire, donnent une
présomption telle, qu'on regarde l'expérience avec une
sorte de dédain.

Un autre caractère saillant de notre époque, est un
masque sous lequel on cache, avec plus ou moins de
bonheur, la sécheresse de l'ame et le manque de sensi-
bilité vraie. Ce masque est ce qu'on appelle la *philantropie* ; grand mot que tout le monde a dans la bouche et personne dans le cœur. Cependant ce système
conventionnel de philantropie générale a quelquefois
produit de bons résultats. Ainsi je pourrais citer ce
grand seigneur millionnaire et usurier qui vient de fon-
der, dans une de ses terres, un hôpital pour les indi-
gens du canton. Mais quelque grand qu'il soit, cet établissement ne suffira certainement pas pour recevoir

tous les malheureux que son propriétaire a faits par le vil trafic de son or.

On n'est vraiment philantrope que pour soi, et il semble que ce soit une satire amère que d'employer si souvent ce mot dans un temps où l'égoïsme pratique est devenu la base de toutes les actions.

L'opinion publique, par suite de l'influence des idées constitutionnelles, s'est trouvée singulièrement modifiée sur diverses corporations essentielles de l'état. Ainsi l'armée, par exemple, sur laquelle doit reposer notre sûreté politique, n'est plus regardée que comme un fardeau par la plus grande partie de ce qui paie impôt ou patente. Ces généraux, ces colonels, que sont-ils aux yeux de cet homme de finance et de cet opulent manufacturier ? des gens salariés par le gouvernement et encore beaucoup trop rétribués. A quoi bons ces cadres nombreux d'officiers, ces corps d'Helvétiens, ces gardes rangés au pied du trône, tout ce faste militaire dont s'entoure la royauté ? quelques invalides retraités et la protection des lois constitutionnelles devraient suffire à la sûreté de la personne du Roi et à l'éclat de la couronne de France : voyez plutôt les Etats-Unis! Tels sont cependant les discours d'un peuple mercantile, d'un peuple qui n'a plus que des idées de lucre, et qui vous répétera jusqu'à satiété : Le commerce ne va pas; stagnation générale dans les affaires. Et pourquoi ces plaintes continuelles? c'est qu'un honnête commerçant ne s'estime plus heureux d'amasser douze ou quinze mille livres de rente en vingt ans; aujourd'hui il faut des millions en quelques années. Pour cela on se jette dans des spéculations hasardeuses; un tiers réussit, les deux autres tiers font banqueroute.

Il ne faut pas dire que le commerce était plus florissant sous l'Empire, alors que nous étions en guerre avec toute l'Europe, et que nos ports étaient bloqués par la marine anglaise : ce serait une assertion complètement fausse; mais ce qui est vrai, c'est que l'on criait moins; et que tel fabricant, qui aujourd'hui fait retentir la tribune de ses divagations anti-oratoires, parce que la logique et la rhétorique ne s'apprennent point dans un métier à la *Jacquard*, ni au milieu des bobines de coton, cet homme, dis-je, n'eût point osé alors élever la voix, sans ressentir aussitôt la pression d'une main de fer qui lui eût fermé la bouche.

Par une contradiction singulière avec les idées dominantes de notre époque, jamais on n'a vu plus généralement répandue cette manie d'accoler une particule à son nom, ou bien de le faire suivre du nom d'un moulin ou d'une ferme que l'on a acheté. Ces ardens et chauds défenseurs des libertés publiques et de l'ordre légal, n'ont point de cesse qu'ils n'aient obtenu des cordons, des croix et le titre de *comte* ou de *baron*. Est-ce par amour pour l'égalité? est-ce parce qu'il n'y a plus de priviléges attachés à ces distinctions, ou bien parce qu'ils espèrent faire revivre ceux qu'il sont eux-mêmes détruits?

L'aristocratie de l'argent a acquis sur la société une trop grande influence. Elle a corrompu les principes de toute saine morale. Puisqu'avec de l'or on obtient charges, titres et considération, à quoi bon s'inquiéter des discours de quelques censeurs humoristes dont le nombre diminue de jour en jour! L'aristocratie de l'é-pée avait cela de bon, qu'il s'y introduisait peu de gens qui en fussent indignes. Il fallait pour y être admis des preuves signées *en rouge*, sinon on traînait partout la tache originelle que la faveur d'un roi ou de nombreu-ses années ne suffisaient pas toujours pour effacer. Mais cette noblesse jadis si fière de ses prérogatives, de nos jours, pâle souvenir de la féodalité, hâte la marche du temps et se déconsidère elle-même : soit, comme quel-ques uns de ses membres, en se jetant dans un libéra-lisme outré, soit, comme beaucoup d'autres, par des mésalliances honteuses. Ne voyons-nous pas des *com-tes*, des *marquis* troquer leurs titres pour le million que leur apporte la fille d'un usurier ou d'un concussion-naire? On me dira que la noblesse ne peut reprendre de consistance dans l'état qu'en faisant de riches maria-ges. Cela est possible, mais ce ne sera jamais en s'a-baissant qu'on acquerra de la considération ; ou si l'opinion publique devenait assez dépravée pour con-sacrer un pareil principe, on ne devrait pas être ja-loux de l'avoir pour soi.

On pourrait objecter qu'un homme ne s'abaisse pas en prenant une femme au dessous de lui et à laquelle il donne son nom, mais il établit du moins une sorte d'égalité morale entre sa famille et celle de sa femme; où le plus souvent il la méprise après avoir pris la dot, ce qui est encore pis. Les enfans qui naissent de ces mariages pourront-ils avoir ce noble orgueil, garant et conservateur de la dignité qui convient à une haute naissance ? Lorsqu'ils connaîtront l'origine de leur mère, j'aime à croire qu'ils la respecteront encore; mais ils sauront que le sang qui coule dans leurs veines est mélangé, ils s'en estimeront moins, suivront l'exemple de leur père, et bientôt les noms inscrits si glorieusement dans les annales de la France ne seront plus qu'une critique sanglante pour les hommes dégénérés qui les porteront encore.

Aujourd'hui, je le sais, le plus grand tort qu'on puisse avoir dans le monde, c'est d'être sans fortune. Eh quoi ! Duguesclin, Bayard et tant d'autres, pour n'avoir point les fiefs des Clisson et des Coucy, en étaient-ils moins grands aux yeux de leurs contemporains; et la postérité demandera-t-elle s'ils avaient un million de revenu, ou seulement leur épée de chevalier.

On a dit avec vérité : *les Dieux s'en vont* ; mais on pouvait ajouter : *et les héros aussi.* Car si l'existence des premiers tient à une foi vive, peu éclairée, et à l'absence de tout système d'analyse, les seconds veulent pour naître un peuple dans toute sa vigueur, qu'une civilisation trop mûre n'a point encore amolli, estimant pardessus tout le désintéressement et la gloire, et dont chaque citoyen est plus jaloux du bien public que du sien propre.

Reconnaissons qu'il y a en France une aisance plus généralement répandue dans toutes les classes. L'abolition d'énormes abus consacrés par les siècles en est la première cause. L'accessibilité aux emplois pour tous a fait naître une émulation qui s'est étendue à toutes les branches de l'industrie. Cette dernière, enrichie par l'application des découvertes nombreuses faites dans les sciences, s'est perfectionnée et simplifiée à l'avantage comme à l'agrément de chacun ; ces améliorations ne sont pas seulement le résultat d'un système de gouvernement représentatif, mais encore celui d'une longue paix à l'extérieur et à l'intérieur, de l'observation des lois faites avant 1814.

Gardons-nous maintenant, pour ne point détruire le prestige flatteur de ce dernier tableau, d'entr'ouvrir un instant les annales du crime, de parcourir quelques feuilles du grand livre où la justice du royaume vient enregistrer ses nombreux arrêts. Là sont les dates des condamnations. Comme elles s'y pressent ! Combien en un seul jour !! Est-ce la haine ou la jalousie, l'orgueil ou la vengeance, qui ont soulevé le poignard meurtrier de cet assassin, de ce fratricide et de ce monstrueux parricide ? Non ! car nous sommes trop policés pour connaître encore de pareils vices, mais c'est la soif de l'or qui les a tous remplacés !!..

Détournons à présent les yeux de ce livre affligeant pour hasarder quelques considérations sur cette littérature tant prônée par les uns, et si décriée par les autres. Nos longues guerres contre nos voisins avaient sinon interrompu, du moins entravé les relations scientifiques et littéraires avec les écoles et les académies étrangères. La paix vint les rétablir. Déja quelques émigrés instruits avaient rapporté dans leurs familles le goût des langues vivantes. Le séjour des alliés sur notre sol nous fit rougir de notre ignorance, en nous prouvant que beaucoup d'entre eux savaient le français mieux que certains habitans de notre vieille Gaule. Les traductions des principaux auteurs allemands et anglais furent recherchées, et la littérature étrangère se répandit dans les diverses classes de la société. Mad. de Staël piqua vivement notre curiosité sur les écrits de Goëthe, de Klopstock et de Schiller ; et la connaissance plus approfondie de Shakespear jeta les fondemens du genre *romantique* auquel la lyre sombre et audacieuse de Lord Byron vint prêter un nouvel appui.

La littérature se partage naturellement en quatre grandes divisions : l'histoire, le roman, la poésie et les compositions dramatiques. Il en est une cinquième particulière à notre époque, et qui n'est pas la moins importante à considérer : ce sont les journaux. Ces différentes parties n'ont pas toutes reçu une égale influence du mode de gouvernement qui nous régit : il me paraît donc nécessaire de les considérer attentivement l'une après l'autre. J'essaierai, en terminant, de les rapprocher pour les présenter sous un point de vue général.

L'histoire doit être regardée comme ayant été peu soumise aux changemens apportés dans la forme du gouvernement, parce que l'historien ne fait que retracer les événemens plus ou moins antérieurs au temps où il écrit ; seulement l'instruction politique et administrative étant devenue d'une plus grande importance pour chaque citoyen, on a dû multiplier les écrits historiques, et s'appesantir davantage sur la partie qui traite de l'origine des lois, des coutumes, des statuts, ordonnances et institutions établis pour déterminer les droits et les prérogatives de chacun.

Des hommes éclairés et versés dans la connaissance des chroniques du moyen âge et des siècles suivans, ont satisfait au besoin impérieux qu'avait la société d'ouvrages qui pussent éviter à la grande quantité des lecteurs l'aridité et la longueur des recherches dans des manuscrits énormes, souvent très rares et écrits dans le vieux langage français, ou en latin. Ainsi l'*Histoire des Croisades* et celle des *Guerres de Religion*, l'*Histoire de Cromwel* et celle *de Venise*, joignant à l'élégance et à la pureté du style un judicieux arrangement des faits, viennent jeter un jour prodigieux sur ces époques de l'histoire que l'on avait jusque-là assez mal appréciée, faute de documens. Peu après ces ouvrages remarquables, parut cette *Histoire des Duc de Bourgogne*, si complète qu'on la trouverait peut-être prolixe, sans une nuance de *gothicisme* qui prête à son style un charme tout particulier.

La série des événemens intéressans qui se succèdent sans interruption pendant onze cents ans dans la vieille monarchie de Clovis, devait plus que toute autre exercer la plume des écrivains. Aussi combien n'ont point exploité cette mine féconde, depuis l'abrégé de M. Le Ragois jusqu'à la volumineuse compilation de Velly, Garnier et leurs continuateurs. M. le comte de Ségur me semble être celui qui, jusqu'à présent, a le mieux réussi dans cette tâche honorable. M. A. Thierry nous a éclairés sur l'origine des Gaulois; et l'histoire de Philippe-Auguste vient de nous présenter une peinture vive et animée d'une des époques les plus remarquables de nos chroniques nationales.

Cependant ces diverses productions étaient encore trop étendues pour une multitude de personnes avides de savoir, mais qui avaient très peu de temps à donner à la lecture. Une chronologie suivie des faits principaux leur suffisait. Alors parurent les *Résumés*, espèces de mutilations historiques qui ne laissent que des dates dans la mémoire. Le goût pour l'historique est devenu tel, qu'il n'y a pas de si petite ville en France qui n'ait son historiographe, et ne voye étendre, en un ou deux gros in-octavo, les sept ou huit circonstances qui ont fait placer son nom dans nos annales durant un laps de mille à douze cents ans.

Il me semble qu'on ne peut écrire l'histoire contemporaine d'une époque comme la nôtre sans une sorte de présomption, et sans être accusé de partialité par les uns ou les autres, quand même on pourrait s'isoler au point de se croire exempt de prévention. Aussi toutes celles qui ont paru jusqu'à présent ont-elles été jugées incomplètes, malgré leur volumineuse apparence. Personne n'y trouve précisément ce qu'il cherche, ni une exposition concise et exacte des faits que l'auteur aperçoit toujours à travers le prisme des opinions. Il en est des révolutions comme de ces grands monumens dont on ne peut juger de l'ensemble, des proportions et de l'effet général qu'à une certaine distance. De près les détails absorbent l'attention et égarent le jugement.

Nous devons nous féliciter aujourd'hui que cette multitude de biographies et de *séditieux* in-trente-deux, dont nous fûmes inondés il y a quelques années, aient cessé de troubler le repos domestique de ceux qui en étaient les héros. Je ne sais si c'est le dégoût qu'ils devaient inspirer qui en a fait justice, mais applaudissons-nous d'avoir vu repousser par la société ces effets si funestes d'un système d'administration où, tout étant à découvert, la réputation de chacun devient le domaine du premier méchant écrivain qui y trouve son compte.

La plupart des ouvrages que j'ai cités plus haut parurent dans la première moitié de la période de quinze ans dont nous nous occupons, mais la seconde est remarquable par une quantité prodigieuse d'écrits appartenant à l'histoire sous quelques rapports, mais qui pourraient aussi bien tenir leur place parmi les romans ; je veux parler de cette invasion dans la librairie des *Mémoires* appelés *historiques*, *contemporains*, *authographes*, *inédits*, *curieux*, etc. Ici, une femme octogénaire, qui, depuis cinquante ans, a été successivement de tous les partis, veut encore que l'on s'intéresse à elle. Là, un officier qui a commandé le feu de peloton sur un illustre prisonnier, ne veut pas être regardé comme assassin. Plus loin, une femme de mauvaise vie qui court les bivouacs, et un échappé du bagne devenu *surveillant* à son tour, font de vertueuses et importantes révélations. Il n'est pas jusqu'au valet de chambre du *grand homme* qui vient nous entretenir des anecdotes de la garde-robe, non loin des *Mémoires d'un Apothicaire*, etc. D'où vient la vogue qu'obtiennent ces productions des contemporains sur leurs propres personnes qui souvent seraient fort sottes et fort insipides à connaître ? Chacun y trouve le compte de sa vanité, chacun veut avoir un nom historique. Quelle manière, grand Dieu ! d'aller à la postérité, si toutefois leurs illusions les aveuglent à ce point ! mais dans ce siècle il faut, avant tout, faire croire que l'on est ou que l'on a été un personnage important dans l'état. Cette branche de commerce parut bonne, et quelques hommes de lettres établirent un monopole sur ce nouveau genre d'industrie, monopole qui s'exerce particulièrement sur les personnes les moins recommandables par leur vie politique et privée, telles que les maîtresses des rois, les ministres débauchés, etc. En un mot, tout ce qui peut offrir quelque immoralité ou quelque scandale est sûr d'être lu avec avidité.

Ces dernières années ont vu naître aussi une nouvelle manière de présenter les grands tableaux de l'histoire, qui consiste à les rendre plus animés et à leur donner une sorte de *vitalité* : elle tient un peu du roman et beaucoup des compositions dramatiques. Quelle que soit la classification qu'aient adoptée Messieurs de l'Académie, si toutefois ils s'en sont occupés, je placerai ici les scènes historiques, telles que les *Barricades*, les *Chroniques du temps de Charles IX*, le *Tumulte d'Amboise*, *Jean Sans-Peur* et plusieurs autres qui ont beaucoup de ce succès de salon aujourd'hui fort envié, quoiqu'il n'y ait plus de salons proprement dits. Ce genre, sans offrir une utilité bien réelle, peut intéresser quand le style n'en est point une imitation trop pâle et trop défigurée de la naïveté et de la force de celui de Froissard ou d'Amyot. Pour des tableaux de ce genre, la vérité de la couleur locale fait tout le mérite.

Il serait difficile de déterminer jusqu'à quel point le roman a été modifié par notre gouvernement actuel. Peut-être dira-t-on que, reflétant les mœurs et les caractères, il s'est trouvé en butte à l'impulsion générale; mais une influence beaucoup plus manifeste sur cette partie de la littérature, c'est celle de Sir Walter-Scott, dont les récits, nous reportant sans cesse au quatorzième, quinzième et seizième siècle, ont fait aussi exploiter par nombre d'auteurs cette période de quatre cents ans comprise entre le moyen âge proprement dit et le siècle de Louis XIV. Depuis dix ans le roman historique a envahi le domaine de ces compositions légères destinées à servir de délassement aux uns et d'occupation aux autres. Dans un siècle où la politique est devenue du ressort de chacun, tout ce qui se rattache à l'histoire des révolutions, des mœurs et des coutumes des peuples, a dû offrir un intérêt plus vif.

Cependant le baronnet anglais, dans la nouvelle route qu'il a tracée et parcourue avec tant de succès, n'a pas trouvé, ce me semble, parmi nous d'émule digne de lui être comparé. Les plus heureux essais me paraissent être le *Camisard* et *Cinq-Mars*. Le premier de ces ouvrages est empreint d'une énergie et d'une vérité qui donnent beaucoup d'effet aux situations principales. L'intérêt y est suivi et bien gradué. On pourrait peut-être y trouver quelques négligences dans le style. Le second offre des scènes charmantes d'un coloris brillant et animé, mais on doit regretter qu'elles ne soient pas plus liées entre elles et que le plan de l'ouvrage soit aussi défectueux. Beaucoup d'auteurs à la vérité nous ont donné de l'histoire en roman, mais on ne peut les regarder comme de l'école de Walter-Scott. Les uns, comme M. d'Arlincourt, ont prodigué le néologisme et l'enflure qui déparent les expressions pittoresques et pleines de grâce que l'on trouve dans leurs ouvrages. D'autres, comme M. de Marchangy, ont abusé des ressources qu'offraient les fastes judiciaires, les coutumes de provinces et la superstition du peuple. D'autres enfin, et c'est le plus grand nombre, appartiennent spécialement au genre *ennuyeux*, et je croirais faire injure au barde écossais, que de vouloir retrouver son influence dans de pareilles productions.

On n'écrit plus de *romans de mœurs*, si ce n'est ceux qui s'intitulent encore *mœurs populaires*, et que l'on pourrait plutôt appeler romans de mauvaises mœurs. Quelques uns d'un genre mixte ont tracé avec légèreté les ridicules, les travers et les habitudes de l'époque. On y retrouve de l'observation, de la finesse, mais une étude très superficielle du cœur humain. Quant à la faiblesse des caractères, j'essaierai d'en indiquer la cause en parlant de la comédie.

Je ne sais quelle épithète on a donnée à ces écrits qui semblent naître d'une imagination maladive ou d'un cerveau frappé de monomanie. Ce n'est pas qu'ils ne portent quelquefois l'empreinte d'un talent très remarquable, mais on éprouve après leur lecture un malaise indéfinissable. L'ame est affaissée sous le poids des sensations tantôt horribles et repoussantes, tantôt burlesques ou fantastiques, qui se succèdent sans laisser un instant reposer l'attention. Avons-nous donc déja le goût si émoussé que nous ayons besoin de pareils stimulans!!

Rien ne prête moins aux rêveries poétiques que la discussion d'un budjet; cependant la poésie a suivi la marche du temps et des idées : elle est, comme on dit, au niveau du siècle. Cela veut-il dire qu'elle soit bien élevée, qu'elle ait beaucoup de force et de caractère? Je ne le pense pas; elle se ressent de nos mœurs. Elle est généralement triste. Les sujets mélancoliques, vagues, sombres, terribles, sont ceux qu'elle affectionne le plus. Les images de mort se reproduisent partout; car aujourd'hui il n'est plus permis d'être gai en rien, ce serait une anomalie de l'époque. Les mots sonores, les phrases obscures se retrouvent souvent à la place des pensées. L'épopée, malgré plusieurs tentatives louables, ne s'est point encore élevée chez nous au dessus des œuvres du dernier siècle. L'ode, qui a changé de dénomination suivant le caprice des auteurs, nous rappelle tour à tour les souvenirs de nos gloires passées et la puissance d'un sceptre d'airain qui trop longtemps a pesé sur nos têtes. Elle redit les chants patriotiques d'un peuple qui secoue ses chaînes et, depuis bien des siècles, avait perdu son rang parmi les nations de l'Europe. Elle évoque encore quelquefois les ombres fantastiques du moyen âge, et va puiser des inspirations jusque dans ces contrées lointaines qui, suivant notre croyance, furent le berceau du monde. Le goût a fait justice de ces poésies pastorales fades et prétentieuses. Le madrigal, le sonnet, le rondeau et autres pièces fugitives ont aussi disparu de notre vocabulaire poétique ; ce genre de production d'ailleurs ne s'accorderait nullement avec l'esprit actuel de la société : mais la satire, revêtue des costumes du temps, sous la plume de quelques jeunes auteurs, nous a présenté de piquantes caricatures, et a eu en cela de nombreuses obligations au gouvernement représentatif.

C'est au théâtre que l'étranger qui arrive peut le plus facilement juger d'un peuple. Le silence, les applaudissemens et la critique du public pendant la représentation, à part le mérite réel de la pièce, sont l'expression fidèle de ses idées dominantes, de son goût, de son caractère et de ses habitudes. Nous voyons aujourd'hui la tragédie se présenter sous la forme d'un drame et quelquefois d'un mélodrame, à la versification près. Les Grecs et les Romains ont été renversés de leur trône avec les trois unités. Semblables à ces Dieux de pierre ou de bois que l'on abat quand leur règne est passé, on les dénigre, on se moque d'eux. Les petits enfans viennent jouer avec leurs débris, et les vieillards les regrettent, parce que ces divinités avaient fait partie des illusions de leur jeunesse, et qu'ils leur croyaient des vertus. On a évoqué les grandes ombres du moyen âge et des siècles suivans, pour remplacer les Atrides et les Césars. Les crimes de ces époques à demi-barbares ont été transportés sur la scène dans toute leur hideuse vérité. Il eût peut-être été audacieux de s'avancer ainsi pour détrôner les idoles de nos pères, qui comptent encore de nombreux adorateurs ; mais sous le patronage de Shakespear, nos jeunes auteurs ont tenté le grand œuvre de l'introduction du *romantique*, mot qui, à la vérité, fait un contre-sens évident avec la pensée qu'on veut lui faire exprimer ; mais peu importe, nous nous entendons.

Le séjour à Paris d'une troupe de comédiens anglais a peut-être aussi hâté le passage des tragédies shakespeariennes sur la scène française. Le talent remarquable de quelques uns d'entre eux faisait ressortir les grandes beautés des poètes bretons. La nouveauté du spectacle empêchait que notre goût ne fût choqué par des détails que nous n'aurions point soufferts dans notre langue. *Jeanne Shore*, sous les traits d'une actrice charmante, faisait oublier la scène des Fossoyeurs ou celle des Sorcières. Nous nous sommes ainsi familiarisés, à notre insçu, avec cette indépendance des régles qui existait encore au commencement du dix-septième siècle. Soit que cette cause ait influé plus qu'on ne le pense généralement, soit que le public qui habite loin de la capitale, moins instruit et moins avancé, ne puisse encore apprécier les modifications apportées dans l'art dramatique, il est constant que sur aucun théâtre de province les tragédies nouvelles n'ont eu de succès sui-

vi. Quelques unes même, applaudies à Paris, sont allé échouer sur l'obscur théâtre d'une petite ville.

On trouve en général peu de développement dans les passions des nouvelles tragédies. Ce sont des faits représentés avec des discours qui leur servent d'introduction ou d'explication. L'intérêt ou plutôt l'horreur qu'ils font éprouver y est instantanée. L'attention n'est plus soutenue par cet enchaînement de circonstances habilement combinées, et dont la marche progressive s'accroît jusqu'à la péripétie du drame. Dans presque toutes les tragédies modernes, le troisième et le quatrième acte sont les plus forts de situation. Le cinquième n'y est qu'un hors-d'œuvre la plupart du temps. Le style est en général pur, élégant, quelquefois même trop brillant.

Les principes de la nouvelle école, en multipliant les *reports* et les *enjambemens*, proscrivent les vers dits *à effet*, ceux où une pensée forte est renfermée dans une phrase concise, ou, comme on eût dit autrefois, ceux où le sublime de la pensée se joint au sublime de l'expression. Ces vers donnaient à l'ame une commotion vive, profonde, et que l'on ressentait encore long-temps après que toutes les autres impressions étaient effacées. Mais, pour ma part, je féliciterai l'auteur de *Marino Faliero* d'en avoir laissé échapper quelques uns de sa plume. Je ne conviendrai jamais qu'ils déparent son ouvrage, et particulièrement un vers du dernier acte qui me paraît le sublime du sentiment.

Afin de produire une sensation plus forte sur le spectateur, les novateurs ont aussi substitué au récit obligé du cinquième acte l'action elle-même.

Si l'on dédaigne les trois antiques unités, en revanche les décorations, les costumes, la pompe du spectacle et tout ce qui constitue la mise en scène sont rigoureusement exacts. On pousse même la vérité d'imitation jusqu'à reproduire des expressions particulières au temps et aux personnages : genre de mérite auquel Corneille et Racine ne me paraissent pas avoir eu de prétention.

Malgré plusieurs tentatives, dont quelques unes ont été accueillies par d'*unanimes* applaudissemens, on ne remarque pas que les pièces *romantiques*, à une ou deux exceptions près, aient survécu plus d'un an à leur première et brillante apparition. D'où peut venir la froideur du public pour ces enfans nouveaux-nés qu'il avait paru recevoir, à leur entrée dans le monde, avec tant d'enthousiasme et tant de bonne volonté de les trouver charmans ? Offriraient-ils à un examen approfondi quelques grands défauts de conformation, ou bien ne serait-ce que de vieilles figures du seizième siècle fardées et rhabillées à neuf ? Quoi qu'il en soit, nous n'aurons point la honte de revenir sur nos pas, ni de confesser la supériorité des *classiques* sur les *romantiques*. Non ! plutôt mourir mille fois que de reculer lâchement devant l'irrésolution d'un public qui n'est pas encore assez mûr pour une réforme totale, mais que par notre persévérance nous amènerons à battre des mains quand il verra dresser un échafaud sur la scène du *Théâtre-Français.*

La comédie de nos jours n'a guère de comique que le nom. Le plus souvent c'est un drame froid, et cela ne peut être autrement, notre état social s'y oppose. Par suite de nos institutions, il ne présente plus aucun caractère distinctif à l'extérieur. Un financier, un médecin, un homme de robe, un grand seigneur, un riche commerçant se ressemblent par l'habit et souvent par le ton et les manières. Leurs occupations et leurs discours ne sont plus circonscrits dans leur état particulier, mais ils ont des intérêts généraux et communs à tous, qu'ils discutent avec un égal avantage, malgré la différence de leur position et de leur existence.

La société offre donc un aspect uniforme et d'une même couleur. Comment avec de pareils élémens faire un tableau piquant par ses effets de lumière, par l'entente du clair-obscur, des demi-teintes et des ombres fortes ? Cela n'est pas pratiquable. On tracera sur ce canevas des esquisses pures, le dessein en sera correct, élégant, mais il y manquera la magie des couleurs. Les personnages étant obligés de conserver à peu près la même attitude, le même costume et le même langage, il ne reste à créer pour l'imagination que le plan. L'esprit seul animera les visages, leur donnera des traits différens. Tout le mérite sera dans le jeu des

physionomies, qui ne suffit pas pour rendre les passions, et qui ferait *grimacer* les figures, si on le for-
çait. Encore ces tableaux doivent-ils être vus de près,
car à une certaine distance l'effet en serait entièrement nul.

On peut distinguer trois espèces de *comique* : celui
qui résulte de la position du personnage, celui que ren-
ferme les paroles et qui vient de la pensée, celui enfin
que produit le jeu de l'acteur. Des mœurs et des habitudes uniformes nuisent au premier en détruisant les
contrastes ; un style trop épuré et trop châtié a ôté au
second toute sa vivacité ; et le défaut de modèles, joint
au manque d'inspiration naturelle, fait que le troisième
est si rare.

Non seulement le commencement des pièces doit
renfermer l'exposition du sujet, mais il est nécessaire,
pour que chaque personnage puisse être reconnu, qu'il
soit désigné par ses attributions ; et ce n'est qu'arrivé à
moitié de l'ouvrage que l'on peut être certain de ne pas
se tromper sur le caractère propre de chacun. Toutes
ces causes concourent au peu d'effet que produisent
nos comédies. Ajoutons-y la manie de faire de la politique jusqu'au théâtre. Quelques pièces ne roulent que
sur la nomination d'un député, les calculs d'un agent de
change, un projet de loi avorté et autres sujets aussi
gais.

La confusion des classes, qui a ôté d'immenses ressources aux auteurs, a aussi privé les acteurs de ces

types originaux dans la reproduction desquels le talent comique pouvait se déployer. Ils sont à présent comme un peintre qui, voulant prendre des couleurs sur sa palette, n'y trouverait que des crayons. Il y a quelques années qu'un de nos théâtres des boulevards possédait encore deux ou trois acteurs pleins de cette originalité, de ce *vis comica* indispensables à la scène ; et cela, parce qu'avec des talens naturels ils avaient à reproduire les mœurs du bas peuple qui conserve un peu de son caractère primitif.

La multitude des ressources qu'offrent le commerce, l'industrie et les petites places d'administration détournent de la scène les jeunes gens qui, ayant reçu de l'éducation et se sentant des dispositions, pourraient s'y vouer, malgré le mépris inconséquent que nous conservons pour ceux qui concourent si puissamment à nos plaisirs. Quoique nous ayons une grande quantité de théâtres, le vrai talent comique n'a plus, pour ainsi dire, qu'un seul représentant à l'ombre duquel on n'en voit aucun autre se former. Tous ont l'air gênés et embarrassés dans leurs rôles, comme cet homme qui porte un habit neuf pour la première fois, ou bien leur gaîté n'a point de verve. Elle est factice comme toutes les autres impressions qu'ils veulent rendre.

La comédie demande une vocation prononcée, un esprit fin, une observation juste des caractères, des sentimens du cœur et des travers de la société, une diction pure et variée, et tant d'art qu'il n'y ait que le naturel qui paraisse. La tragédie exige une connaissance profonde des passions, des vices, et de leurs effets. Ce génie particulier qui identifie l'acteur avec le personnage qu'il représente, cette intelligence prompte à saisir toutes les nuances, ces élans rapides, ces inspirations soudaines qui surprennent, étonnent, ravissent le spectateur, comment toutes ces qualités pourraient-elles se rencontrer chez des gens souvent sans éducation première, ignorant même leur langue, vivant dans un cercle étroit et obscur, et ne se mettant au théâtre que pour ne pas mourir de faim ? Il est vrai qu'il existe à Paris une école de déclamation, mais je ne connais point encore d'acteur passable qui en soit sorti.

Le drame lyrique n'est point non plus resté stationnaire dans le mouvement général. Les idées nouvelles s'y représentent peut-être avec plus d'énergie qu'ailleurs. La musique, cet art délicieux qui adoucit la fureur des passions, exalte et ranime les sentimens des ames tendres et généreuses, a prêté le secours de ses accords magiques aux chants de nos Tyrtées modernes. Les opéras retentissent des mots sonores de *patrie* et de *liberté*. Les auteurs ont été fouiller dans les chroniques poudreuses, afin d'y trouver des révoltes populaires et des héros de carrefour à mettre en scène ; mais un bien petit nombre d'entre eux ont compris le talent particulier qu'exige la poésie destinée à recevoir l'expression de la phrase musicale. Je ne pense pas que les *Libretti*, avec les changemens qu'ils ont subis dans la forme, soient, au reste, plus mauvais ni meilleurs que ceux de l'ancienne école.

Quant aux théâtres secondaires, nous voyons d'un côté des mélodrames où les crimes les plus atroces, les tableaux les plus repoussans sont entassés dans trois actes; de l'autre, de soi-disant vaudevilles dépourvus d'intrigue, de sel et de comique, roulant sur de plats calembourgs et des allusions politiques amenées à grande peine à la fin d'un vers; ou bien encore des pièces sentimentales appelées comédies-vaudevilles, dont la fausseté des caractères et l'irrégularité des plans ne passent qu'à la faveur d'un dialogue spirituel et de quelques couplets. Toutes les règles du bon sens y sont impunément violées. Une pièce aujourd'hui peut embrasser un laps de trente ou quarante ans, et les personnages se promener d'un bout à l'autre de la terre : on trouve tout cela charmant. Aussi je ne désespère point de voir bientôt un vaudeville où paraîtront successivement les soixante-huit rois de France avec leurs maîtresses. Peut-être appellera-t-on cela une licence *romantique !*

Je sais que la sévérité des règles d'Aristote peut quelquefois embarrasser et refroidir certaines imaginations auxquelles une liberté entière est nécessaire pour s'élever aux idées sublimes d'une vaste conception; mais ces exceptions sont rares, et c'est au public de les approuver ou de les blâmer, suivant leur mérite : au lieu qu'en érigeant en principe cette indépendance de tout précepte, les inconvéniens deviennent très graves, car les esprits médiocres, qui sont toujours les plus nombreux, sont ceux aussi qui s'affranchissent le plus volontiers des règles, se livrent sans scrupule au désordre de leurs idées, et ne rachètent ces défauts par aucun genre de beauté.

Jetons maintenant, avant de terminer, un coup-d'œil rapide sur cette cinquième partie de la littérature, qui en forme le complément. Parmi les branches d'industrie qui ont eu le plus d'obligation à l'établissement du système représentatif, on doit compter le *journalisme*. Appeler les journaux une branche d'industrie, est peut-être un blasphême ou une hérésie que beaucoup de gens ne me pardonneront pas; mais peu m'importe : celui qui vend sa plume à un parti n'est à mes yeux qu'un marchand, qui vend son esprit comme un autre ses étoffes.

Les journaux établissent un rapport indirect, mais constant, eutre le gouvernement et le peuple. Ils influent un peu sur les actes du premier, comme étant les organes du second qu'ils dirigent aussi à leur tour. Leur esprit en France offre quelque analogie avec celui qui régnait lors des guerres de religion, substituant toutefois le mot de politique à celui de théologie; seulement la liberté de la presse a produit l'effet contraire de l'édit de Nantes. S'il y a aujourd'hui moins de bonne foi de part et d'autre, on y retrouve le même acharnement, le même zèle de prosélytisme ; chacun se prodigue à l'envi les injures les plus grossières. Des diatribes éternelles d'un côté, de l'autre, des gémissemens sans fin remplissent les feuilles de chaque parti. La *Charte*, au milieu de tous, est comme la Bible entre les catholiques et les protestans. Chacun argue sur ses articles, les dénature, les interprète dans le sens le plus favorable à sa cause. Espérons que, semblable en cela au livre de Dieu, elle sortira intacte de toutes ces tentatives intéressées.

Il serait sans doute hasardé d'avancer qu'une douzaine d'écrivains, payés à tant l'article, eussent une grande part dans la marche des affaires ; les ministres du Roi, les grands fonctionnaires de l'état, placés dans une sphère élevée, à la source des faits, n'ont pas besoin de semblables guides ; mais en province les journaux ont acquis une très grande importance. Ils exercent un pouvoir despotique sur les paisibles habitans des petites villes, qui, pour la plupart n'en lisent qu'un seul. L'honnête citadin s'habitue aux opinions et aux raisonnemens de sa feuille. Il n'est pas à même de les analyser, et il y croit aveuglément. Souvent, sans avoir eu en commençant d'opinion politique bien arrêtée, il finit par s'identifier tellement avec les idées de son journal, qu'il les regarde comme les siennes propres, les discute avec chaleur et conviction, s'emporte à la moindre contradiction, et déraisonne complètement, parce qu'il n'aperçoit jamais qu'un côté de la question. Pour éviter cet inconvénient il faudrait peut-être lire tous les journaux, ou bien n'en voir aucun. Dans le premier cas, un esprit juste et droit établirait la balance des exagérations de chacun pour arriver à la vérité; dans le second, la connaissance seule des faits provoquerait le jugement sans influence antérieure. On m'objectera que peu de fortunes suffiraient à un abonnement général, que toutes les villes n'ont point de cabinet de lecture, et que, d'un autre côté, mieux vaudrait ne pas vivre que de vivre sans journal. Laissons donc aller les choses, et gardons-nous, s'il est possible, de cette exagération qui aveugle et fausse le jugement.

Chaque particulier a adopté le journal qui convient à son état, à son opinion et même encore au cercle dont il fait partie. Dans telle société de province on serait regardé comme un homme *mal pensant*, si on était abonné au *Constitutionnel* ou au *Courrier Français*; dans telle autre, on hausserait les épaules et l'on considérerait avec pitié celui qui recevrait la *Quotidienne* ou la *Gazette*. Quant aux gens en place, ils ne doivent lire *tout haut* que la feuille organe *tacite* du ministère. Ne pourrait-on pas considérer ces estimables citoyens comme frappés d'une sorte de monomanie particulière à notre époque ? Il n'en est pas un qui ne se croie très impartial, et cependant personne ne fait d'efforts pour le devenir réellement et s'élever au dessus de quelques préjugés de cotterie ; car il serait facile de prouver que, si l'on créait un journal qui ne fût l'organe d'aucun parti et se bornât à un simple énoncé des faits, il n'aurait pas deux abonnés dans tout le royaume.

Les journaux ont beaucoup contribué à maintenir la ligne de démarcation entre les partis ; sans eux elle serait moins sensible aujourd'hui. Cependant, combien d'ultras de l'un et l'autre bord sont revenus, depuis 1815, à des opinions plus saines et plus modérées !

Le nombre des journaux s'est accru d'une manière prodigieuse. Il en paraît tous les jours de nouveaux, et il semble que tous fassent fortune. Il y en a de spéciaux pour chaque science, pour chaque partie de la littérature, pour les arts et l'industrie ; enfin on croirait que tout ce que la France a d'esprit passe par la presse pour être rendu périodiquement à la masse des lecteurs, dont il est vrai de dire que quelques uns n'ont que bien peu de chose à réclamer.

Outre les cinquante ou soixante journaux qui s'impriment à Paris, chaque petite ville a aussi sa petite feuille hebdomadaire où sont relatés sommairement les grands intérêts politiques et très au long les petits intérêts locaux. La fureur du journalisme a gagné toutes les classes. Le marchand, le commerçant, l'industriel, se hâtent de fermer boutique, magasin et comptoir, pour courir au cabinet de lecture le plus voisin, où sont, pêle-mêle sur un tapis vert, ces feuilles de toutes dimensions, depuis l'incommensurable *Voleur*, jusqu'au modeste format du caustique et souvent très peu spirituel *Figaro*, et ces brochures ou *revues* de tous les pays et de toutes les couleurs, assez semblables aux fruits du lac Asphaltique.

Considérons un instant toutes ces têtes baissées, attentives, et dont les attitudes sont si variées : ici un jeune homme, à la mise élégante, parcourt la *Mode* dont les croquis ne doivent point attirer beaucoup d'abonnés : c'est un commis de magasin. Là, ce personnage d'un âge mûr, vêtu simplement, qui tourne un feuillet du *Globe* prétentieux, doctoral, et dont les jugemens sont sans appel, est un littérateur. Non loin d'un spéculateur à la figure pleine, le menton perdu dans la cravate et qui sourit en lisant le *Journal du Commerce*, est un apôtre de la démocratie, à l'aspect grave et sombre ; il médite le patriarche des journaux libéraux, le *Constitutionnel*. Près de la cheminée, un homme sur le retour tient une feuille dont le titre est en lettres gothiques. Son attention paraît être profonde. Les mouvemens de sa tête, sur le point de toucher la planche, semblent indiquer qu'il approuve chaque phrase. Ne soyez point étonné... il dort...... De l'autre côté est assis un vieillard. Son costume est celui qu'on ne porte plus depuis long-temps. Ses cheveux blancs accompagnent une figure expressive où de longs malheurs ont laissé des traces profondes. Elle est calme, mais empreinte d'une tristesse touchante. Son regard semble quelquefois se porter avec étonnement sur les objets qui l'entourent, puis retombe à terre. Il a passé la main sur ses yeux ; est-ce une larme qu'il vient d'essuyer ? oui ; mais respectons les erreurs d'une ame généreuse, respectons sa douleur. Cet homme vénérable a vu pierre par pierre s'écrouler le brillant édifice des illusions de sa jeunesse. Il a tout perdu, excepté cet honneur qu'on n'a pu lui ravir, cet honneur qu'aujourd'hui nous ne comprenons plus..... Le vieillard s'est levé et sort lentement... Mais ne regardons point le journal qu'il a tenu..... C'était un des braves de l'armée de Condé !!...

Des considérations que je viens d'émettre sur l'état actuel des diverses parties de la littérature, on peut, je crois, induire, sans être taxé de partialité ni, comme on dit aujourd'hui, de *perruquinisme*, qu'elle se trouve en France dans une décadence marquée. Je sens bien que ces derniers mots trouveront des contradicteurs, et me feraient même des ennemis si mon nom était plus connu dans le monde littéraire, mais puis-je me refuser à ce qui me paraît évident pour tout esprit non prévenu ?

Un système de gouvernement qui attire à lui l'attention continuelle de tous les citoyens, doit faire négliger ou considérer avec moins d'importance tout ce qui n'a pas pour résultat immédiat l'intérêt particulier, ou un intérêt général dans lequel ce dernier est compris.

La littérature proprement dite n'est donc plus qu'une occupation secondaire, ou plutôt un délassement pour la masse éclairée de la population. Le peu de temps que l'on y consacre, et que l'on dérobe quelquefois à des spéculations ou à des vues d'ambition, fait que l'on aime à lire des choses qui ne demandent pas une grande contention d'esprit. On veut des tableaux variés, des scènes fortes, rapides, qui produisent des émotions instantanées, et n'aient point besoin de préparation ni de développemens que l'on n'a pas le temps de lire ou d'écouter. On n'a pas davantage le loisir d'examiner un ouvrage à fond, ni d'en apprécier le plan. Le mérite réel est ce dont on s'occupe le moins. Pourvu qu'il ait intéressé ou amusé à la première vue, cela suffit. Il importe fort peu qu'il soit susceptible ou non de supporter un second examen, parce qu'on ne compte jamais le relire.

Le besoin que l'on a de sensations pour se distraire, fait aussi que l'on court sans cesse après le *nouveau*.

L'espèce d'insouciance avec laquelle on regarde les productions littéraires de tous les genres, en rendant le jugement du public à peu près nul, a ouvert aux écrivains une vaste arène à parcourir. Aussi leur imagination, que le frein de l'opinion ne retient plus, s'est-elle frayé diverses routes dans les champs incultes du sombre, du terrible et quelquefois de l'absurde. Cependant toutes ces productions se vendent, se lisent, le commerce des libraires va bien; donc c'est l'âge d'or de la littérature que ce siècle d'éclectisme, qui possède vingt fois plus d'écrivains que ceux qui l'ont précédé, où les plus grands génies avaient peine à se faire connaître et à se soutenir, sans quelque protection à la cour.

A défaut des arrêts du public, qui sont sans influence puisqu'ils n'existent plus, il s'est établi une association connue sous le nom de *camaraderie littéraire*, dont le but n'est autre que de former une assurance mutuelle contre les *chutes*. Cette société étend ses ramifications dans tous les journaux littéraires, et a aussi ses affiliés dans ceux qui sont spécialement destinés à la politique *. Là on trouve des opinions toutes faites sur les ouvrages nouveaux. Il y a bien un peu de critique, mais l'éloge l'emporte toujours assez pour piquer la curiosité du lecteur qui adopte sans examen, achète l'ouvrage, le parcourt avec ennui, sans se rendre compte des causes soporifiques dont il ressent l'effet; et préfère encore prôner le livre sur la foi du feuilleton, que d'émettre un jugement qui exigerait de sa part une étude sérieuse et raisonnée.

La camaraderie est très avantageuse pour un grand nombre de nos écrivains qui, grâce à elle, jouissent d'une réputation littéraire fort lucrative, et qu'ils trouvent par cela même suffisante. Sans sa puissante pro-

---

* Il n'est peut-être pas inutile de dire qu'on ne veut point désigner ici ces annonces pompeuses qui remplissent la dernière page de chaque journal, et sont rédigées, au mépris de toute pudeur par l'éditeur ou par l'auteur lui-même.

tection, ils n'auraient point osé courir la chance de payer les frais d'impression. Et quel libraire-éditeur se fût chargé d'un manuscrit dont l'auteur qui n'est pas connu souvent ne mérite guère de l'être. A présent, pour celui qui est reçu dans la docte compagnie, faire paraître un premier ouvrage, c'est entrer dans un salon où il ne trouve que des personnes de connaissance. Toutes l'accueillent avec bienveillance. S'il s'y rencontre par hasard des étrangers, il peut être assuré que d'avance ils ont été prévenus en sa faveur. De là cette confiance avec laquelle on publie les plus faibles productions. Ajoutons que le débutant, s'il veut être appuyé, doit partager en tout les opinions de ses protecteurs, ou il faut qu'il s'attende à devenir victime de leurs piquantes railleries. Ils le montreront au doigt comme un *classique*, une *perruque*. Il sera impitoyablement baffoué, s'il ne suit pas la route commune qui aujourd'hui est celle du romantique, et hors de laquelle il n'y a point de succès.

Lorsqu'un écrivain se présentait seul face à face avec un public sévère, qu'il ne se sentait soutenu par aucune cotterie, et que de plus il avait à combattre ceux qui étaient en possession de la faveur générale, il fallait, ce me semble, une grande passion pour la gloire, et une assurance basée sur une supériorité réelle, pour oser pénétrer dans la lice. Il est vrai que, le succès une fois reconnu et constaté, non seulement les contemporains, mais encore la postérité le sanctionnaient. Je souhaite qu'il en soit de même de ceux dont les feuilles publiques proclament aujourd'hui les noms avec un enthousiasme réel ou feint, qui va souvent jusqu'à nous fatiguer.

Si la langue la plus riche est celle qui a le plus de mots, on peut dire que la nôtre s'est singulièrement enrichie depuis quelques années. Sans m'arrêter à certaines sciences, la chimie par exemple, où un savant d'il y a vingt ans ne pourrait plus comprendre ses successeurs, ni à la physique ou à la médecine, qui ont aussi subi une grande révolution dans les mots, je parlerai du style parlementaire tel que l'emploient les orateurs de la tribune, et où il s'est introduit une multitude d'expressions entièmement nouvelles. Ces locutions inconnues il y a vingt ans, et qu'on ne trouve dans aucun lexique, par l'habitude que nous avons de suivre les discussions des chambres, nous sont devenues aussi familières que la langue de Racine et de Voltaire. Les lettres, les arts, l'industrie même ont prodigieusement accru le catalogue de leurs mots techniques. Le grec et quelques langues vivantes sont tous les jours mises à contribution pour fournir des étymologies à des choses connues depuis long-temps, mais qu'il est bon de rajeunir par l'expression, afin de les faire croire nouvelles. Ainsi le français deviendra insensiblement un composé bisarre de toutes les langues. Il en fut de de même du latin, lors de la décadence de l'empire Romain.

Les productions de notre âge n'ont aucun caractère propre d'originalité, et cela tient à deux causes principales : la première, que personne n'est réellement *soi* : la seconde, qu'on lit beaucoup trop. L'une et l'autre concourent à cet aspect monotone et uniforme de notre littérature. Nos études se portent sur une multitude d'objets ; nos idées se généralisent trop, elles n'offrent plus de *spécialités ;* elles sont le reflet, l'extension ou la modification de toutes celles que nous avons lues ou apprises. Elles ne nous appartiennent plus en propre. Nous suivons la marche inverse de nos pères, qui pensaient beaucoup, lisaient et écrivaient peu ; aussi chacune de leurs phrases exprime une pensée forte ; la plupart des nôtres, au contraire, ne renferment que des mots.

Plusieurs auteurs ont bien senti ce défaut de couleur dans notre littérature, et ils ont cru y remédier en donnant à leur style une teinte plus ou moins pâle de l'ancien idiôme français ; mais dans ce cas reculer c'est avouer la difficulté d'avancer : et c'est l'histoire de ces ruines d'hier, construites à grands frais dans nos jardins anglais. Regardez-les de près, la peinture brune et verdâtre n'est pas encore sèche, le peu de solidité des fondations et le ciment encore frais désabusent votre œil, en dévoilant l'imposture grossière. Cette innovation est comme un dernier et impuissant effort d'une maturité trop grande dans la société, dont tous les élémens se rattachent à de trompeuses illusions, au

nombre desquelles il faut placer ces vains mots d'*égali-*
té et de *liberté*, qui n'ont jamais eu d'application exacte
depuis que les hommes se sont réunis en société, et
dont on se sert cependant encore avec succès, pour
séduire cette portion du peuple qui croit à la possibilité
de leur existence, par cela même qu'ils flattent son
amour-propre et son intérêt.

On ne peut nier que le gouvernement représentatif
n'ait beaucoup hâté notre civilisation. Jetons les yeux
autour de nous, et considérons l'immense changement
apporté dans nos idées par ces quinze années de paix.
Il me semble tellement évident qu'il serait superflu d'en
pousser plus loin la démonstration, et je ne crains pas
d'avancer que ces quinze années ont plus contribué à
changer l'esprit national en France, que les vingt-cinq
années de troubles et de dissension qui les ont précé-
dées. Les caractères se retrempent, pour ainsi dire,
dans les révolutions et les discordes civiles. Au milieu
des persécutions, sous le fer des bourreaux, ils acquièrent une énergie et une force dont ils ne se seraient
point crus capables. Aussi est-ce alors que l'on voit
surgir les grandes vertus, les dévouemens les plus hé-
roïques, à côté des crimes les plus atroces.

. Mais dans le calme qui succède à ces cataclismes
politiques, une nation est bien plus susceptible de grandes choses, qu'alors que le repos, l'abondance, les
jouissances factices de l'esprit, les arguties parlementaires, ont détendu les ressorts du courage naturel, éner-

vé les ames, et fait disparaître les grandes passions pour y substituer les petites.

· L'histoire des peuples nous apprend qu'ainsi que l'homme chacun a son aurore, son midi et son déclin : en voyant notre belle patrie, je crains bien qu'elle n'ait déja passé le milieu du jour.

. . . . Ce discours un peu LONG
Doit commencer à vous déplaire.
Je finis. . . . .
LAFONTAINE, *Le Paysan du Danube.*